BEI GRIN MACHT SICH I
WISSEN BEZAHLT

- Wir veröffentlichen Ihre Hausarbeit,
  Bachelor- und Masterarbeit

- Ihr eigenes eBook und Buch -
  weltweit in allen wichtigen Shops

- Verdienen Sie an jedem Verkauf

Jetzt bei www.GRIN.com hochladen
und kostenlos publizieren

Bibliografische Information der Deutschen Nationalbibliothek:

Die Deutsche Bibliothek verzeichnet diese Publikation in der Deutschen National-
bibliografie; detaillierte bibliografische Daten sind im Internet über http://dnb.d-
nb.de/ abrufbar.

Impressum:

Copyright © 2019 GRIN Verlag
Druck und Bindung: Books on Demand GmbH, Norderstedt Germany
ISBN: 9783346268556

Dieses Buch bei GRIN:

https://www.grin.com/document/939129

Ralf Näther

Die Smart-Mobility-App "Drivo". Gamification Elemente in der App

GRIN Verlag

GRIN - Your knowledge has value

Der GRIN Verlag publiziert seit 1998 wissenschaftliche Arbeiten von Studenten, Hochschullehrern und anderen Akademikern als eBook und gedrucktes Buch. Die Verlagswebsite www.grin.com ist die ideale Plattform zur Veröffentlichung von Hausarbeiten, Abschlussarbeiten, wissenschaftlichen Aufsätzen, Dissertationen und Fachbüchern.

FernUniversität in Hagen

Spielend das Fahrverhalten verbessern – Der Einsatz von Gamification im Straßenverkehr

im Studiengang Master Wirtschaftswissenschaft

Vorgelegt der Fakultät für Wirtschaftswissenschaft
der FernUniversität in Hagen
Lehrstuhl für Betriebswirtschaftslehre,
insbesondere Betriebliche Anwendungssysteme

Von: Ralf Näther

Abgabe am: 02.06.2019

Sommersemester 2019, 5. Studiensemester

Inhaltsverzeichnis

Abbildungsverzeichnis

Tabellenverzeichnis

1 Einleitung

Die Zahl der in Deutschland tödlich verunglückten Menschen ist in 2018 gegenüber dem Jahr 2017 um 2,7% gestiegen (Statistisches Bundesamt 2019a). Eine häufige Unfallursache ist dabei fehlerhaftes Fahrverhalten (Statistisches Bundesamt 2019b, S. 41-42). Um diesen Trend entgegenzuwirken eignet sich der Einsatz von Smart-Mobility-Lösungen, zu denen auch Smartphone-Apps gehören (vgl. Voinea et al. 2017, S. 52). Mit Hilfe dieser smarten Anwendungen kann beispielsweise das Fahrverhalten verbessert und somit das Unfallrisiko minimiert werden. Um eine möglichst nachhaltige Verhaltensbeeinflussung auszuüben, bedarf es der langfristigen Nutzung der Applikationen durch die Anwender. Hierfür können sogenannte Gamification-Elemente eingesetzt werden (vgl. Kazhamiakin et al. 2016, S. 84). Darunter lassen sich spieltypische Bestandteile verstehen, die in einem spielfremden Kontext angewendet werden (vgl. Deterding et al. 2011a, S. 2425). Damit diese ihr Potential entfalten können, müssen die von ihnen erzeugten unterschiedlichen Anreize kombiniert sowie in geeigneter Art und Weise in die Smart-Mobility-Lösung integriert werden (vgl. Blohm und Leimeister 2013, S. 277).

Doch wie kann die optimale Integration der Elemente in die Smart-Mobility-Lösung bewertet werden? Welche Anreize werden von den einzelnen Gamification-Elementen gesendet? Haben alle Komponenten die gleiche Wirkung auf den Anwender oder gibt es Unterschiede?

Der vorliegenden Seminararbeit mit dem Thema „Spielend das Fahrverhalten verbessern – Der Einsatz von Gamification im Straßenverkehr" liegt daher das Ziel zu Grunde, einen Bewertungsrahmen für Gamification-Elemente in einer Smart-Mobility-Lösung zu erarbeiten. Hierfür fokussiert sich der Autor auf die App „Drivo".

Um eine optimale Zielerreichung zu gewährleisten, ist die Arbeit in drei wesentliche Abschnitte gegliedert. Im ersten Kapitel werden zunächst die Begriffe Fahrverhalten sowie Gamification definiert und dem Leser anschließend die Smart-Mobility-App „Drivo" vorgestellt. Darauf aufbauend werden im zweiten Kapitel Formen und Potentiale von Gamification-Elementen im Straßenverkehr mittels einer Literaturrecherche eruiert. Zur Erschließung der Potentiale erfolgt im Anschluss die Untersuchung der durch Gamification-Elemente ausgelösten Anreize. Die daraus gewonnenen Erkenntnisse münden in die Erarbeitung eines Bewertungsrahmens. Hierfür werden im letzten Kapitel die in der Smart-Mobility-App „Drivo" enthaltenen Gamification-Elemente identifiziert und vor dem Hintergrund der Anreize bewertet.

2 Definition und Grundlagen

Zum besseren Verständnis der Thematik werden im Nachfolgenden wesentliche Begriffe allgemein eingeführt. Im Anschluss erfolgt eine Kurzvorstellung der Smart-Mobility-App „Drivo".

2.1 Fahrverhalten

Der Begriff Fahrverhalten kann sowohl aus einer menschlichen als auch technischen Sichtweise definiert werden. Erstere stellt das Verhalten des Fahrzeugführers in den Vordergrund. Elander et al. (1993) unterscheiden hierbei zwischen den Fahrfähigkeiten und -stilen. Demnach stellen Fahrfähigkeiten die Leistungsschranken während des Fahrens dar. Diese werden u.a. durch die sichere Benutzung des Lenkrades und die frühzeitige Erkennung von Risiken im Straßenverkehr charakterisiert. Der Fahrstil beschreibt die Gewohnheiten der Fahrzeugführer. Er beinhaltet die Wahl der Geschwindigkeit, die Affinität zum Überholen und die Neigung, Verkehrsverstöße zu begehen (vgl. Elander et al. 1993, S. 279). Der Stil ist abhängig von der Einstellung sowie den Bedürfnissen und Werten des Fahrzeughalters (vgl. Elander et al. 1993, S. 279).

Das technisch geprägte Fahrverhalten kann nach Heißing und Schimmel (2017) als die Reaktion des Fahrzeuges auf Lenk-, Gas- und Bremsimpulse des Fahrers sowie Umgebungsstörungen verstanden werden. Folglich zeichnet sich ein gutes Fahrverhalten durch eine exakte Kurshaltung aus. Hierunter lässt sich beispielsweise ein stabiler Geradeauslauf oder ein präzises Lenkverhalten subsumieren (vgl. Heißing und Schimmel 2017, S. 172).

2.2 Gamification

Der Begriff Gamification stammt ursprünglich aus der Branche der digitalen Medien und wurde erstmals 2008 dokumentiert (vgl. Huotari und Hamari 2012, S. 18). Deterding et al. (2011b) beschreiben ihn anhand der beiden Dimensionen Gaming/Playing und Whole/Parts. Playing definiert Spielzeuge, welche intuitiv, spontan und ohne vorgeschriebene Regeln verwendet werden können (vgl. Deterding et al. 2011b, S. 11). Somit steht in diesem Kontext die Verspieltheit im Vordergrund. Gaming dagegen bezieht sich auf Spiele, die mittels Vorschriften und Strukturen bestimmte Zwecke verfolgen (vgl. Deterding et al. 2011b, S. 11). Die Dimension Whole/Parts unterscheidet zwischen vollwertigen Spielzeugen bzw. Spielen und dazugehörigen Designelementen. Die terminologische Einordnung von Gamification in diesen Rahmen wird durch Abbildung 1 verdeutlicht.

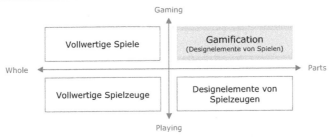

Abb. 1: Terminologische Einordnung von Gamification (angelehnt an Deterding et al. 2011b, S. 13)

Abbildung 1 kann entnommen werden, dass sich Gamification auf zweckorientierte Elemente bezieht, die für Spiele charakteristisch sind (vgl. Deterding et al. 2011b, S. 12). Es handelt sich also nicht um vollumfängliche Spielkonzeptionen. Die Besonderheit dabei ist die Verwendung dieser Elemente in einem spielfremden Kontext (vgl. Deterding et al. 2011a, S. 2425). Folglich dient die Anwendung der spieltypischen Bestandteile nicht dem in einem Spiel normalerweise angenommenen Unterhaltungszweck (vgl. Deterding et al. 2011b, S. 12). Vielmehr steht die Generierung von Anreizen im Vordergrund, wodurch die Benutzererfahrung und -bindung verbessert werden soll (vgl. Deterding et al. 2011a, S. 2426).

2.3 Smart-Mobility-App „Drivo"

Die Smart-Mobility-App „Drivo" wird seit 2017 im Apple App und Google Play Store angeboten (Gürsel und Gunkel 2019a). Seitdem wurde die Anwendung über 500.000-mal im Google Play Store auf Smartphones installiert (Google Play 2019). Die App soll Autofahrern helfen, ihr Fahrverhalten zu verbessern. Sie verspricht umweltfreundliches, sparsames, stressfreies und sicheres Fahren (MarketingScout 2019). Somit bezieht sich die Applikation auf die im Kapitel 2.1 beschriebene menschliche Sichtweise von Fahrverhalten. Zur Erfassung der Fahrfähigkeiten und des Fahrstils verwendet die Smart-Mobility-Lösung einen speziellen Algorithmus. Dieser kommt ohne zusätzliche Hardware aus und bezieht die notwendigen Daten aus den Sensoren des Smartphones (Lohmann 2018).

Nachdem die App installiert wurde, muss der Nutzer sein Auto einer Fahrzeugklasse zuordnen und charakteristische Merkmale ergänzen. Sobald der Anwender eine neue Fahrt startet, verfolgt die Smart-Mobility-App das Fahrverhalten. Hierbei gibt sie ohne Zeitverzögerung Feedback zum Gas-, Brems- und Lenkmanöver (MarketingScout 2019). Diese drei Komponenten werden zum sogenannten „driv-X" zusammengefasst. Der Index beschreibt wie ausgeprägt die Nachhaltigkeit, Effizienz und Sicherheit im Fahrverhalten ist (Gürsel und Gunkel 2019b). Ein niedriger Score bedeutet

3

eine starke Ausprägung, ein hoher dagegen eine schwache (Gürsel und Gunkel 2019b). Dieser Sachverhalt wird in Abbildung 2 verdeutlicht. Es ist ersichtlich, dass ein „driv-X" von 0 einer Senkung des Kraftstoffverbrauchs und der CO_2-Emissionen des Fahrzeuges von 30% entspricht. Darüber hinaus kann der Abbildung im rechten Screenshot das Design des direkten Feedbacks entnommen werden. Hierfür ist der Bildschirm in vier Teile untergliedert. Der obere Teil repräsentiert das Brems-, der untere das Gasverhalten. Im linken und rechten Bereich werden die Kurvenmanöver dargestellt.

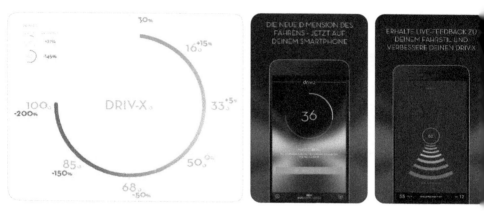

Abb. 2: „driv-X" und Feedbackdesign der Smart-Mobility-App „Drivo" (Gürsel und Gunkel 2019b; Google Play 2019)

Damit der Nutzer das durch die Applikation vorgegebene Fahrverhalten verinnerlicht, bedarf es einer langfristigen Nutzung der Smart-Mobility-Lösung (vgl. Kazhamiakin et al. 2016, S. 84). „Drivo" nutzt in diesem Zusammenhang Gamification-Elemente. Innerhalb der Anwendung ist es beispielsweise möglich in Wettbewerb mit anderen Anwendern zu treten und seinen „driv-X" zu vergleichen (Lohmann 2018).

4

3 Gamification-Elemente im Straßenverkehr

Nachdem die wesentlichen Begriffe definiert und die dieser Seminararbeit zu Grunde liegende App „Drivo" vorgestellt wurde, widmet sich der Autor in diesem Kapitel Gamification-Elementen im Straßenverkehr. Zu Beginn werden verschiedene Formen spieltypischer Bestandteile vorgestellt und deren Potentiale ermittelt. Im Anschluss wird untersucht, auf welche Art und Weise ausgewählte Gamification-Elemente die Motivation von Anwendern einer Smart-Mobility-Lösung unterstützen.

3.1 Formen und Potentiale von Gamification-Elementen

Wie in Kapitel 2.2 beschrieben, sind Gamification-Elemente spieltypische Bestandteile, die für ein Spiel charakteristisch sind. Aufgrund dieser weit gefassten Definition ist die Zuordnung von Spieldesignelementen zur Gamification-Konzeption oftmals willkürlich und subjektiv (vgl. Sailer et al. 2017, S. 373). So identifizieren verschiedene Autoren unterschiedliche Formen von Gamification. Reeves und Read (2009) fokussieren sich beispielsweise auf zehn charakteristische Bestandteile von Spielen. Hierzu zählen Avatare, Feedbacks oder Teams. Werbach und Hunter (2012) beschreiben dagegen fünfzehn spieltypische Elemente wie Avatare, Punkte und Ranglisten. Mekler et al. (2013) begrenzen sich auf Punkte, Level und Ranglisten. Dies zeigt die vorhandenen Überschneidungen, aber auch Unterschiede hinsichtlich der definitorischen Sichtweise. Aufgrund des begrenzten Umfangs dieser Seminararbeit bezieht sich der Autor im Folgenden auf sieben, häufig in der Literatur genannte Formen von Gamification-Elementen, die im Kontext Straßenverkehr eingesetzt werden können. Tabelle 1 zeigt die ausgewählten Bestandteile und exemplarische Nennungen in der Literatur.

Formen von Gamification-Elementen	Nennung in der Literatur (Auszug)
Punkte	Zichermann und Cunningham (2011), Blohm und Leimeister (2013), Sailer (2016)
Abzeichen	Blohm und Leimeister (2013), Sailer (2016), Werbach und Hunter (2012)
Ranglisten	Reeves und Read (2009), Costa et al. (2013), Blohm und Leimeister (2013)
Leistungsdiagramme	Sailer (2016), Günthner et al. (2015), Sailer et al. (2013)
Herausforderungen	Zichermann und Cunningham (2011), Weiser et al. (2015), Kazhamiakin et al. (2016)
Avatare	Reeves und Read (2009), Blohm und Leimeister (2013), Peng et al. (2012)
Teamkollegen	Reeves und Read (2009), Sailer et al. (2017), Weiser et al. (2015)

Tab. 1: Formen von Gamification-Elementen (eigene Darstellung)

Nach Blohm und Leimeister (2013) beruht das Potential von Gamification-Elementen „auf einer umfassenden Motivationsunterstützung" (S. 277). Diese betrachtet sowohl die intrinsische als auch extrinsische Motivation (Ryan und Deci 2000). Intrinsische Motivation entsteht bei der Ausübung einer inhärent befriedigenden Aktivität, wohingegen extrinsische Motivation durch äußere Anreize erzeugt wird (Ryan und Deci 2000). Die Wirkungsweise von intrinsischen Motivationsmechanismen ist oftmals nachhaltiger, da extrinsische Anreize aufgrund von Gewöhnungseffekten innerhalb einer kurzen Zeitspanne verblassen können (vgl. Blohm und Leimeister 2013, S. 277). Durch den gezielten Einsatz der in Tabelle 1 genannten Bestandteile kann die intrinsische Motivation hinsichtlich der Benutzung einer Smart-Mobility-Lösung gesteigert werden (vgl. Blohm und Leimeister 2013, S. 277). Somit besitzen Gamification-Elemente ein hohes Potential, Verhaltensweisen nachhaltig zu beeinflussen (vgl. Blohm und Leimeister 2013, S. 277). Die spieltypischen Bestandteile können aber auch extrinsische Anreize setzen, die zur Erhöhung der Nutzungszeit der Anwendung führen (vgl. Weiser et al. 2015, S. 272). Diese Sachverhalte werden anhand der folgenden zwei Beispiele aus dem Straßenverkehr verdeutlicht.

Kazhamiakin et al. (2015) führten im Jahr 2014 ein Experiment in der italienischen Stadt Rovereto durch. Sie untersuchten, ob die durch Gamification-Elemente erzeugten Anreize, das Mobilitätsverhalten von Pendlern langfristig beeinflussen können (vgl. Kazhamiakin et al. 2015, S. 3). Im Ergebnis konnte festgestellt werden, dass der Einsatz von Punkten, Abzeichen und Ranglisten, das Mobilitätsverhalten klimafreundlich gestalten kann (vgl. Kazhamiakin et al. 2015, S. 6).

Merugu et al. (2009) untersuchten ebenfalls den Einfluss von Spieldesignelementen im Straßenverkehr. Im Rahmen einer Fallstudie wurde versucht, das Stauaufkommen in der indischen Stadt Bangalore zu minimieren. Sie führten auf Basis von Punkten ein Anreizsystem ein, welches Pendler dahingehend beeinflussen sollte, in verkehrsarmen Zeiten zur Arbeit zu fahren (Merugu et al. 2009). Auch hier wurden die Potentiale genutzt und die Zielsetzung erreicht (vgl. Merugu et al. 2009, S. 6).

3.2 Anreize von Gamification-Elementen

Dieses Kapitel beschäftigt sich mit den von Gamification-Elementen gesendeten Anreizen, die auf den Benutzer einer Smart-Mobility-Lösung motivierend wirken können. Unter Anreize werden im Rahmen dieser Seminararbeit Mechanismen verstanden, die sowohl die psychologischen als auch sozialen Bedürfnisse befriedigen. Beide

Typen der Bedürfnisbefriedigung wirken intrinsisch motivierend und können daher das Verhalten nachhaltig beeinflussen (vgl. Zhang 2007, S. 50).

Psychologische Bedürfnisse sind angeboren und beinhalten das Streben nach Autonomie, Kompetenz und Verbundenheit (vgl. Zhang 2007, S. 50). Der Wunsch nach Autonomie bezieht sich zum einen auf die Freiheit und zum anderen auf den Willen eine spezifische Aktivität durchzuführen. Die Freiheit impliziert das Gefühl, Entscheidungen auf Basis eigener Vorlieben zu treffen (vgl. Sailer et al. 2017, S. 374). Der Wille verweist dagegen auf das Empfinden, ohne Zwang handeln zu können (vgl. Sailer et al. 2017, S. 374). Das ständige Streben besser zu werden und seine Fähigkeiten auszubauen illustriert das Bedürfnis nach Kompetenz (vgl. Weiser et al. 2015, S. 272). Idealerweise stellt dieses Streben einen kontinuierlichen Prozess dar. Folglich sollte sich eine Aktivität am Kompetenzlevel des Benutzers orientieren (vgl. Weiser et al. 2015, S. 272). Das Bedürfnis nach Verbundenheit bringt die Neigung zum Ausdruck, mit anderen eine Gemeinschaft zu bilden, zu lieben, fürsorglich zu sein sowie geliebt und gepflegt zu werden (vgl. Broeck et al. 2010,   S. 982-983).

Soziale Bedürfnisse resultieren aus Lernprozessen und beinhalten die Sehnsucht nach Leistung, Macht sowie Zugehörigkeit und Intimität (vgl. Zhang 2007, S. 50). Individuen möchten etwas Gutes tun und kompetent gegenüber ihrer Umwelt wirken. Dieser Anspruch an Leistung wird durch Wettbewerbe gefördert (vgl. Weiser et al. 2015, S. 272). Weiterhin zielen Personen darauf ab, Macht zu besitzen. Hierbei geht es um das Verlangen auf Individuen kontrollierend einzuwirken (vgl. Sosik und Dinger 2007, S. 137). Das Bedürfnis nach Zugehörigkeit impliziert von anderen akzeptiert zu werden (vgl. Weiser et al. 2015, S. 272). Intimität bezieht sich auf das Bedürfnis, sichere und lohnende Beziehungen einzugehen (vgl. Weiser et al. 2015, S. 272). Im Folgenden wird aufgezeigt, welche der in Kapitel 3.1 genannten Gamification-Elemente, welche psychologischen und sozialen Bedürfnisse befriedigen können.

Punkte stellen den Fortschritt einer Leistung in numerischer Form dar und messen das Spielverhalten von Anwendern (vgl. Sailer et al. 2017, S. 373). Sie geben den Benutzern ein granulares Feedback, wodurch die unmittelbare Beurteilung des Erfolges ihrer Aktionen ermöglicht wird. (vgl. Sailer 2016, S. 116). Hieraus resultiert die mögliche Befriedigung des psychologischen Strebens nach Kompetenz (vgl. Sailer et al. 2017, S. 374). In diesem Zusammenhang kann eine spezifische Menge an Punkten als Level interpretiert werden (vgl. Weiser et al. 2015, S. 276). Sie symbolisieren den Fortschritt in der Anwendung (vgl. Zichermann und Cunningham 2011, S. 45). Somit können Level nachhaltiges Feedback geben. Hierbei nimmt die Rückmeldung Bezug auf eine Zeitspanne, in der eine spezifische Verhaltensweise gezeigt wurde (vgl. Sailer 2016, S. 116). Damit der genannte psychologische Effekt wirken kann, sollte die

Erreichung von Leveln entsprechend dem Schwierigkeitsgrad angepasst werden (vgl. Weiser et al. 2015, S. 276).

Abzeichen repräsentieren visuell die Leistung von Anwendern (vgl. Werbach und Hunter 2012, S. 74). Analog der Punkte geben diese Spieldesignelemente Feedback, da sie für die Vervollständigung spezifischer Aufgaben verliehen werden. Allerdings handelt es sich hierbei um ein kumulatives Feedback (vgl. Sailer 2016, S. 116). Hierunter wird eine permanente Rückmeldung zu den Fähigkeiten des Nutzers verstanden, die mehrere Aktivitäten zusammenfasst und auch nach Beendigung der Anwendung erkennbar bleibt (vgl. Sailer 2016, S. 116). Folglich kann das psychologische Bedürfnis nach Kompetenz befriedigt werden (vgl. Sailer et al. 2017, S. 374). Darüber hinaus stellen sie Statussymbole dar, wodurch das soziale Bedürfnis nach Macht befriedigt werden kann (vgl. Weiser et al. 2015, S. 276). Der Vergleich des Status mit anderen Nutzern ermöglicht einen Wettbewerb, der das soziale Streben nach Leistung fördert (vgl. Sailer 2016, S. 33). Des Weiteren ermöglicht der Einsatz von Abzeichen die Generierung eines Gruppenzugehörigkeitsgefühls, was mit dem sozialen Streben nach Zugehörigkeit und Intimität im Einklang steht (vgl. Werbach und Hunter 2012, S. 75). Damit Abzeichen nicht als zweck- und bedeutungslos erachtet werden, sollte eine niveau- und kontextbezogene Erlangung im Vordergrund stehen (vgl. Weiser et al. 2015, S. 276).

Ranglisten stellen eine Auflistung von Benutzern dar, die nach einem spezifischen Kriterium eingeordnet werden (vgl. Costa et al. 2013, S. 26). Sie verdeutlichen, wer der Beste bzw. Schlechteste in einem bestimmten Kontext ist. Folglich unterstützen solche Listen den Wettbewerbscharakter und adressieren die soziale Sehnsucht nach Leistung und Macht (vgl. Sailer et al. 2013, S. 34). Befinden sich Anwender am unteren Ende einer Rangliste, kann dies demotivierende Effekte hervorrufen (vgl. Werbach und Hunter 2012, S. 76). Zur Vermeidung solcher Auswirkungen schlagen Weiser et al. (2015) folgende Umsetzungsvarianten vor. Entweder werden lediglich die oberen Plätze einer Rangliste veröffentlicht oder der Benutzer sieht nur die Ränge in seiner unmittelbaren Umgebung (vgl. Weiser et al. 2015, S. 277). Ferner können zurückgebliebene Teilnehmer zusätzliche Punkte erhalten, um den Anschluss an obere Plätze wiederzuerlangen (vgl. Weiser et al. 2015, S. 277). Da Ranglisten dauerhaft spezifische Aktivitäten beurteilen, zusammenfassen und vergleichen, geben sie ein kumulatives Feedback (vgl. Sailer 2016, S. 117). Hierdurch kann, wie bei Punkten und Abzeichen, das psychologische Bedürfnis nach Kompetenz intrinsisch befriedigt werden. Handelt es sich bei dem Spieldesignelement um Team-Ranglisten wird zudem die Erfüllung des Wunsches nach Verbundenheit ermöglicht (vgl. Sailer et al. 2013, S. 34).

Leistungsdiagramme informieren über die individuellen Leistungsfortschritte im Zeitverlauf (vgl. Sailer et al. 2013, S. 35). Folglich geben sie dem Anwender ein nachhaltiges Feedback und illustrieren persönliche Fortschritte (vgl. Sailer 2016, S. 116). Hieraus kann die positive Beeinflussung des Kompetenzbedürfnisses resultieren. Im Gegensatz zur Rangliste stellen sie keine sozialen, sondern individuelle Bezugsnormen dar (vgl. Günthner et al. 2015, S. 16). Dies hat den Vorteil, dass auch in einer Rangliste schlecht platzierte Personen bei Leistungssteigerungen positive Rückmeldungen erhalten (vgl. Günthner et al. 2015, S. 16). Der daraus entstehende intrinsische Anreiz ist größer als der, der sich aus dem sozialen Vergleich einer Rangliste ergibt (vgl. Kopp und Mandl 2014, S. 39).

Herausforderungen repräsentieren schwer zu lösende Aufgaben oder Probleme und fungieren als Beurteilungsmaßstab für das spezifische Können eines Individuums (vgl. Weiser et al. 2015, S. 275). Sie geben granulares Feedback und sind in der Lage, den psychologischen Wunsch nach Kompetenz zu befriedigen (vgl. Sailer 2016, S. 116). Haben diese spieltypischen Bestandteile einen Wettbewerbscharakter, können zudem die sozialen Bedürfnisse nach Leistung und Macht angesprochen werden (vgl. Weiser et al. 2015, S. 276). Herausforderungen sind besonders wirkungsvoll, wenn sie personalisiert sind (vgl. Kazhamiakin et al. 2016, S. 86). Dadurch können individuelle Stärken und Schwächen des Anwenders berücksichtigt werden, wodurch die intrinsische Motivation verstärkt wird (vgl. Kazhamiakin et al. 2016, S. 86).

Avatare visualisieren die Identität von Benutzern in der Gamification-Applikation (vgl. Annetta 2010, S. 106). Sie können vom Anwender entweder ausgewählt oder selbst kreiert werden und reichen von einfachen Piktogrammen bis hin zu aufwendig animierten dreidimensionalen Figuren (vgl. Sailer et al. 2017, S. 373). Ist eine Modifikation und Entwicklung der Avatare im Zeitverlauf gegeben, befriedigen die virtuellen Identitäten das psychologische Bedürfnis nach Autonomie (vgl. Peng et al. 2012, S. 191). Hierbei wird insbesondere der Wunsch nach der Entscheidungsfreiheit erfüllt (vgl. Sailer 2016, S. 120).

Teamkollegen repräsentieren entweder reale oder virtuelle Charaktere (vgl. Sailer et al. 2017, S. 374). Sie ermöglichen eine Interaktion mit dem Anwender und geben Anweisungen, Hinweise oder Unterstützungsleistungen (vgl. Kapp 2012, S. 281). Daraus schlussfolgernd können diese Gamification-Elemente, soziale Integrität ausdrücken und sowohl das psychologische Bedürfnis nach Verbundenheit als auch das Begehren nach Zugehörigkeit sowie Intimität befriedigen (vgl. Weiser et al. 2015, S. 277). Damit eine möglichst wirkungsvolle motivationale Beeinflussung erreicht wird, sollte die Interaktion authentisch, bedeutungsvoll und auf die zu erreichenden Lernziele ausgerichtet sein (vgl. Kapp 2012, S. 150). Zusammenfassend gibt Tabelle

2 einen Überblick über die Anreize, welche von den jeweiligen Gamification-Elementen gesendeten werden können.

Formen von Gamification-Elementen	Anreiz	Grundbedürfnis (P=psychologisch; S=sozial)
Punkte	Granulares Feedback	Kompetenz (P)
Punkte (Level)	Nachhaltiges Feedback	Kompetenz (P)
Abzeichen	Kumulatives Feedback	Kompetenz (P)
	Statussymbol	Macht (S)
	Wettbewerb	Leistung (S)
	Gruppenzugehörigkeits-gefühl	Zugehörigkeit und Intimität (S)
Ranglisten	Kumulatives Feedback	Kompetenz (P)
	Gemeinschaftsgefühl	Verbundenheit (P)
	Wettbewerb	Leistung (S)
		Macht (S)
Leistungsdiagramme	Nachhaltiges Feedback	Kompetenz (P)
Herausforderungen	Granulares Feedback	Kompetenz (P)
	Wettbewerb	Leistung (S)
		Macht (S)
Avatare	Modifikations- und Entwicklungsmöglichkeit	Autonomie (P)
Teamkollegen	Interaktion	Verbundenheit (P)
		Zugehörigkeit und Intimität (S)

Tab. 2: Gamification-Elemente und deren gesendete Anreize (eigene Darstellung)

Nachdem der Autor die ausgewählten spieltypischen Bestandteile und deren Wirkung auf den Anwender eruiert hat, befasst er sich im Folgenden Kapitel mit der Smart-Mobility-App „Drivo".

4 Bewertungsrahmen für Gamification-Elemente in der Smart-Mobility-App „Drivo"

In diesem Kapitel werden zunächst die von der Smart-Mobility-App „Drivo" verwendeten Spieldesignelemente identifiziert. Im Anschluss werden diese hinsichtlich der psychologischen und sozialen Bedürfnisbefriedigung evaluiert. Hierfür wird ein Bewertungsrahmen erstellt, der auf den Erkenntnissen des vorherigen Kapitels fußt.

4.1 Eingesetzte Gamification-Elemente

Zur nachhaltigen Verbesserung des menschlichen Fahrverhaltens setzt die App „Drivo" die in Abbildung 3 aufgezeigten Gamification-Elemente ein.

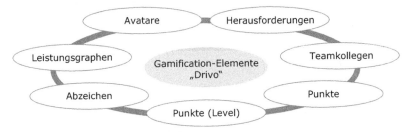

Abb. 3: Gamification-Elemente der App „Drivo" (eigene Darstellung)

„Drivo" bietet durch das Hochladen eines Profilbildes die Möglichkeit, die eigene Identität zu visualisieren (Gürsel und Gunkel 2019c). Der Avatar wird durch die Auswahl einer Fahrzeugklasse und spezifischen Angaben wie Modell und Marke weiter charakterisiert (Gürsel und Gunkel 2019d). Vor einer neuen Fahrt kann der Nutzer entscheiden, ob er im Rahmen einer Herausforderung gegen einen bestimmten oder zufällig ausgewählten Anwender antreten möchte. Der Fahrer mit dem besseren „driv-X" gewinnt (Gürsel und Gunkel 2019e). Des Weiteren besteht die Auswahloption, mit Freunden ein Team zu bilden und sich während des Fahrens von ihnen unterstützen zu lassen. Die Interaktion erfolgt über das Teilen der Fahrt auf Facebook (Gürsel und Gunkel 2019f). Jedes Like wird mittels Herzen und Sound in der App angezeigt (Gürsel und Gunkel 2019g).

Während der Fahrt erhält der Benutzer der Smart-Mobility-App durch den „driv-X" eine granulare Rückmeldung zu seinem Fahrverhalten. Der Index ordnet die Fahrmanöver mittels Punkten in sechs Abstufungen ein (Gürsel und Gunkel 2019h). Eine Punktzahl von 1-16 stellt exemplarisch ein sehr gutes Lenk-, Brems- und Beschleunigungsverhalten dar, wohingegen ein Wert zwischen 85–100 ungenügende Fahreigenschaften repräsentiert (Gürsel und Gunkel 2019h). Ferner sammelt der Anwender durch die Nutzung von „Drivo" kontinuierlich Punkte. Die Menge an Punkten ist abhängig von der zurückgelegten Fahrtstrecke und dem Fahrverhalten (Gürsel und Gunkel 2019i). Sie verdeutlicht durch die Bezugnahme zu zehn Leveln den Fortschritt in der Applikation (Gürsel und Gunkel 2019i).

Nach einer Fahrt kann der „driv-X" als Abzeichen interpretiert werden, da er bisher gezeigtes Fahrverhalten zusammenfasst. Durch das Teilen des Indexes in den sozialen Netzwerken ist der Nutzer in der Lage, seine Fahrleistungen mit anderen zu vergleichen (Gürsel und Gunkel 2019j). Dem Anwender der Smart-Mobiltiy-App stehen Statistiken zur Verfügung, mit deren Hilfe er seine Leistungsfortschritte beurteilen kann. Die Leistungsdiagramme für das Anfahr-, Brems- und Lenkverhalten sowie der Geschwindigkeit und dem „driv-X" lassen sich für die gesamte Strecke oder einzelne Abschnitte anzeigen (Gürsel und Gunkel 2019k).

4.2 Bewertung der eingesetzten Gamification-Elemente

Zur Evaluierung der psychologischen und sozialen Bedürfnisbefriedigung unterteilt der Autor die Ausprägungen der Anreize in vier Stufen. Somit ist eine dem Umfang dieser Seminararbeit entsprechende Bewertung gewährleistet. Tabelle 3 zeigt den auf Basis von Kapitel 3 resultierenden Bewertungsrahmen von spieltypischen Bestandteilen der App „Drivo", auf den im Folgenden eingegangen wird.

Formen von Gamification-Elementen	Anreiz	Gamification-Elemente „Drivo"			
		sehr ausgeprägt	ausgeprägt	wenig ausgeprägt	nicht ausgeprägt
Punkte	Granulares Feedback		•		
Punkte (Level)	Nachhaltiges Feedback	•			
Abzeichen	Kumulatives Feedback	•			
	Statussymbol			•	
	Wettbewerb			•	
	Gruppenzugehörigkeits-gefühl			•	
Ranglisten	Kumulatives Feedback				•
	Gemeinschaftsgefühl				•
	Wettbewerb				•
Leistungsdiagramme	Nachhaltiges Feedback	•			
Herausforderungen	Granulares Feedback		•		
	Wettbewerb		•		
Avatare	Modifikations- und Entwicklungsmöglichkeit			•	
Teamkollegen	Interaktion				•

Tab. 3: Bewertungsrahmen für Gamification-Elemente in der Smart-Mobility-App „Drivo" (eigene Darstellung)

Das granulare Feedback in Form von Punkten während der Fahrt spiegelt die Anfahr-, Brems- und Lenkmanöver wider. Unterstützt wird die Rückmeldung durch unterschiedliche Farben, die sich nach der Höhe des „driv-X" richten. Die Generierung des „driv-X" auf Grundlage von einzelnen Fahrmanövern kann zu Beginn einer Fahrt den Index ansteigen lassen (Gürsel und Gunkel 2019l). Dies reduziert insbesondere bei kürzeren Fahrtstrecken die unmittelbare Beurteilung des eigenen Fahrstils. Somit wird dieser Anreizmechanismus als ausgeprägt eingestuft. Die Erreichung der Level ist vom Fähigkeitsgrad des Fahrers abhängig. Mit steigender Levelanzahl erhöht sich die zur Erlangung der nächsten Stufe benötigte Punktemenge (Gürsel und Gunkel 2019i). Hieraus folgt eine sehr ausgeprägte Ausgestaltung des psychologischen Anreizes.

Das kumulative Feedback des als Abzeichen interpretierten „driv-X" wird ebenfalls als ausgeprägt eingestuft. Es gelten die Stärken und Schwächen, die die granulare Rückmeldung der Punkte auszeichnen. Der Index ist sowohl niveau- als auch kontextabhängig, wodurch die Erlangung weder zweck- noch bedeutungslos gestaltet ist. Durch die Möglichkeit seinen „driv-X" in sozialen Netzwerken zu teilen, können die sozialen Bedürfnisse nach Leistung, Macht sowie Zugehörigkeit und Intimität angesprochen werden. Entscheidet sich der Nutzer gegen diese Option, entfällt die Wirkung. Daher werden die Anreize als wenig ausgeprägt eingestuft.

Die von der Smart-Mobility-App zur Verfügung gestellten Leistungsdiagramme geben einen umfassenden Überblick über den individuellen Leistungsfortschritt. Es gibt verschiedene Ansichtsmöglichkeiten und farbige Unterlegungen des Fahrverhaltens. Der Benutzer ist in der Lage, aus den individuellen Bezugsnormen nachhaltige Rückschlüsse auf sein Fahrverhalten zu ziehen. Aus diesen Gründen werden die Leistungsdiagramme als sehr ausgeprägt evaluiert.

Innerhalb der Herausforderungen geben anfangs erwähnte Punkte eine granulare Rückmeldung zum Fahrverhalten. Folglich wird das Feedback als ausgeprägt eingestuft. Die Spieldesignelemente haben einen Wettbewerbscharakter, da für das Absolvieren Punkte vergeben werden (Gürsel und Gunkel 2019i). Es erfolgt keine Selektion der Gegner anhand des Fahrverhaltens. Somit wird der Wettbewerb der nicht personalisierten Herausforderungen als ausgeprägt bewertet.

Die psychologische Bedürfnisbefriedigung des Avatars in der App „Drivo" ist wenig ausgeprägt. Dies resultiert aus den fehlenden Modifikations- und Entwicklungsmöglichkeiten im Zeitverlauf. Die gleiche Einstufung erfährt die Intensität der Interaktion mit Freunden innerhalb der App. Der Austausch mittels Herzen richtet sich nicht nach einem nachhaltigen Fahrstil, sondern nach dem Belieben der Teamkollegen. Er ist nicht auf das zu erreichende Lernziel ausgerichtet und wenig authentisch.

Es lässt sich erkennen, dass „Drivo" eine Vielzahl an typischen Gamification-Elementen einsetzt. Die App besitzt das Potential, die intrinsische Motivation der Nutzer zu beeinflussen und deren Fahrverhalten nachhaltig zu gestalten. Die Befriedigung der psychologischen Bedürfnisse ist ausgeprägter als die der sozialen. Die Integration einer Rangliste kann helfen, die soziale Bedürfnisbefriedigung zu erhöhen. Innerhalb der psychologischen Bedürfnisse wird vorrangig der Wunsch nach Kompetenz erfüllt. Eine Fokussierung auf erweiterbare Avatare oder umfangreichere Interaktionsmöglichkeiten mit Freunden kann zu einer stärkeren Ausprägung der anderen beiden Arten führen. Die Sehnsucht nach Macht und Leistung steht bei den sozialen Bedürfnissen im Vordergrund. Durch eine Erhöhung des Gruppenzugehörigkeitsgefühls mittels Abzeichen besteht die Möglichkeit, den Wunsch nach Zugehörigkeit und Intimität intensiver zu erfüllen.

5 Fazit

Gamification-Elemente stellen für Spiele charakteristische Bestandteile dar, die in einem spielfremden Kontext eingesetzt werden. Innerhalb von Smart-Mobility-Lösungen haben sie das Potential, Verhaltensweisen von Anwendern langfristig zu beeinflussen. Hierfür bedarf es einer optimalen Integration sowie Kombination verschiedener spieltypischer Bestandteile. In diesem Kontext eignen sich Spieldesignelemente, die die intrinsische Motivation der Anwender erhöhen. Die gewonnenen Erkenntnisse verdeutlichen, dass die auf diese Art der Motivation wirkenden Anreizmechanismen der Gamification-Elemente differieren. Am Beispiel der Smart-Mobility-App „Drivo" wird aufgezeigt, dass im Kontext Straßenverkehr spieltypische Bestandteile helfen, einen nachhaltigen Fahrstil bei den Nutzern zu etablieren. Die App kombiniert verschiedene Spieldesignelemente und wirkt auf unterschiedliche Art und Weise auf die intrinsische Motivation.

Zur Evaluierung der Wirkungsweise kann der im Rahmen dieser Seminararbeit erarbeitete Bewertungsrahmen herangezogen werden. Er hilft bei der Identifikation typischer Gamification-Elemente und zeigt deren psychologische und soziale Bedürfnisbefriedigung auf. Darauf aufbauend können Rückschlüsse auf die Langfristigkeit sowie Nachhaltigkeit der Verhaltensbeeinflussung gezogen werden. Somit ist das in der Einleitung gesetzte Ziel erreicht.

Die vorliegende Ausarbeitung stellt jedoch keine vollumfängliche und ab-schließende Betrachtung der optimalen Integration sowie Kombination von Gamification-Elementen dar. Es bedarf weiterer Forschung, um klären zu können, ob eine Applikation die aufgezeigten Potentiale vollumfänglich erschließen kann. So bleibt beispielsweise die systemtechnische Sichtweise auf die spieltypischen Bestandteile offen. Wie müssen die Elemente programmiert werden, um eine ideale Bedürfnisbefriedigung zu garantieren? Wo sollten Spieldesignelemente innerhalb einer Smart-Mobility-Applikation platziert werden?

Letztlich bleibt festzuhalten, dass die aufgezeigten Anreize von Gamification-Elementen in unterschiedlichem Ausmaß auftreten können und deren Ausprägung von spezifischen Gegebenheiten abhängig ist.

Literaturverzeichnis

Annetta, L. A. (2010). „The "I's" Have It: A Framework for Serious Educational Game Design". *Review of General Psychology* (14:2), S. 105-112.

Blohm, I. und Leimeister, J. M. (2013). „Gamification: Gestaltung IT-basierter Zusatzdienstleistungen zur Motivationsunterstützung und Verhaltensänderung". *Wirtschaftsinformatik (55:4)*, S. 275-278.

Broeck, A., Vansteenkiste, M., Witte, H., Soenens, B. und Lens, W. (2010). „Capturing autonomy, competence, and relatedness at work: Construction and initial validation of the Work-related Basic Need Satisfaction scale". *Journal of Occupational and Organizational Psychology* (83:4), S. 981-1002.

Costa, J. P., Wehbe, R. R., Robb, J. und Nacke, L. E. (2013). „Time's Up: Studying Leaderboards For Engaging Punctual Behaviour" in *Gamification 2013 Proceedings of the First International Conference on Gameful Design, Research, and Applications*, Toronto, Ontario, Canada. October 02-04, Toronto, Ontario: ACM,   S. 26-33.

Deterding, S., O´Hara, K., Sicart, M., Dixon, D. und Nacke, L. (2011a). "Gamification: Using Game-Design Elements in Non-Gaming Contexts" in *CHI '11 Extended Abstracts on Human Factors in Computing Systems*, Vancouver, BC, Canada. May 07-12, Vancouver: ACM, S. 2425-2428.

Deterding, S., Khaled, R., Dixon, D. und Nacke, L. (2011b). "From Game Design Elements to Gamefulness: Defining "Gamification"" in *MindTrek '11 Proceedings of the 15th International Academic MindTrek Conference: Envisioning Future Media Environments*, Tampere, Finland. September 28-30, Tampere: ACM, S. 9-15.

Elander, J., West, R. und French, D. (1993). "Behavioral correlates of individual differences in road-traffic crash risk: An Examination of Methods and Findings". *Psychological Bulletin* (113:2), S. 279-294.

Google Play (2019). *drivo – Drive smarter.* https://play.google.com/store/apps/ details?id=de.drivo.drivo&hl=de. Letzter Zugriff am 15.05.2019.

Günthner, W. A., Mandl, H., Klevers, M. und Sailer, M. (2015). *GameLog – Gamification in der Intralogistik.* Garching: fml – Lehrstuhl für Fördertechnik Materialfluss Logistik, Technische Universität München.

Gürsel, O. und Gunkel, S. (2019a). *drivo.* https://drivo.me/index.html. Letzter Zugriff 18.04.2019.

16

Gürsel, O. und Gunkel, S. (2019b). *DRIVO YOUR BUSINESS: UNSERE INNOVATIVE TECHNOLOGIE – AUF SIE ZUGESCHNITTEN.* http://www.drivo-telematics.com/downloads/drivo_your_business.pdf. Letzter Zugriff am 21.05.2019.

Gürsel, O. und Gunkel, S. (2019c). *PROFILBILD BEARBEITEN.* http://support.drivo.me/knowledge-base/profilbild-bearbeiten/. Letzter Zugriff am 19.05.2019.

Gürsel, O. und Gunkel, S. (2019d). *FAHRZEUG HINZUFÜGEN.* http://support.drivo.me/knowledge-base/fahrzeug-hinzufuegen/. Letzter Zugriff am 19.05.2019.

Gürsel, O. und Gunkel, S. (2019e). *CHALLENGES.* http://support.drivo.me/knowledge-base/challenges/. Letzter Zugriff am 19.05.2019.

Gürsel, O. und Gunkel, S. (2019f). *ICH BEKOMME KEINE HERZEN (#HEARTFORSMART).* http://support.drivo.me/knowledge-base/ich-bekomme-keine-herzen-heartforsmart/. Letzter Zugriff am 19.05.2019.

Gürsel, O. und Gunkel, S. (2019g). *NEUE FAHRT.* http://support.drivo.me/knowledge-base/eine-fahrt-mit-drivo/. Letzter Zugriff am 19.05.2019.

Gürsel, O. und Gunkel, S. (2019h). *DRIV-X.* http://support.drivo.me/knowledge-base/driv-x/. Letzter Zugriff am 19.05.2019.

Gürsel, O. und Gunkel, S. (2019i). *PUNKTE.* http://support.drivo.me/knowledge-base/punkte/. Letzter Zugriff am 19.05.2019.

Gürsel, O. und Gunkel, S. (2019j). *WIE KANN ICH ETWAS VON DRIVO AUF FACEBOOK TEILEN?.* http://support.drivo.me/knowledge-base/wie-kann-ich-etwas-von-drivo-auf-facebook-teilen/. Letzter Zugriff am 19.05.2019.

Gürsel, O. und Gunkel, S. (2019k). *STRECKENABSCHNITTE.* http://support.drivo.me/knowledge-base/streckenabschnitte/. Letzter Zugriff am 19.05.2019.

Gürsel, O. und Gunkel, S. (2019l). *WARUM STEIGT MEIN DRIV-X AM ANFANG DER FAHRT SO STARK?.* http://support.drivo.me/knowledge-base/warum-steigt-mein-driv-x-am-anfang-der-fahrt-so-stark/. Letzter Zugriff am 19.05.2019.

Heißing, B. und Schimmel, C. (2017). „Fahrverhalten" in *Fahrwerkhandbuch*, Ersoy, M. und Gies, S. (Hrsg.), Wiesbaden: Springer Vieweg, S. 171-206.

Huotari, K. und Hamari, J. (2012). „Defining Gamification – A Service Marketing Perspective" in *MindTrek '12 Proceeding of the 16th International Academic MindTrek Conference*, Tampere, Finland. October 03-05, Tampere: ACM, S. 17-22.

Kapp, K. M. (2012). *The Gamification of Learning and Instruction: Game-based Methods and Strategies for Training and Education.* San Francisco: Pfeiffer.

Kazhamiakin, R., Marconi, A., Martinelli, A., Pistore, M., Valetto, G. und Kessler, F. B. (2016). "A Gamification Framework for the Long-term Engagement of Smart Citizens" in *2016 IEEE International Smart Cities Conference (ISC2)*, Trento, Italy. September 12-15, Trento: IEEE, S. 84-90.

Kazhamiakin, R., Marconi, A., Perillo, M., Pistore, M., Valetto, G., Piras, L., Avesani, F. und Perri, N. (2015). "Using Gamification to Incentivize Sustainable Urban Mobility" in *2015 IEEE First International Smart Cities Conference (ISC2)*, Guadalajara, Mexico. October 25-28, Guadalajara: IEEE, S. 1-6.

Kopp, B. und Mandl, H. (2014). „Lerntheoretische Grundlagen von Rückmeldungen" in *Feedback und Rückmeldung: Theoretische Grundlagen, empirische Befunde, praktische Anwendungsfelder*, Ditton, H. und Müller, A. (Hrsg.), Münster, New York: Waxmann, S. 29-42.

Lohmann, I. (2018). *Bremer entwickeln App zum umweltschonenden Fahren*. https://www.weser-kurier.de/bremen/bremen-wirtschaft_artikel,-bremer-entwickeln-app-zum-umweltschonenden-fahren-_arid,1711175.html. Letzter Zugriff am 18.04.2019.

MarketingScout (2019). *Smarter Fahren Neue App "drivo" optimiert spielerisch das Fahrverhalten*. https://www.marketingscout.com/news/neue-app-drivo-optimiert-spielerisch-das-fahrverhalten/. Letzter Zugriff am 18.04.2019.

Mekler, E. D., Brühlmann, F., Opwis, K. und Tuch, A. N. (2013). „Do Points, Levels and Leaderboards Harm Intrinsic Motivation? An Empirical Analysis of Common Gamification Elements" in *Gamification 2013 Proceedings of the First International Conference on Gameful Design, Research, and Applications*, Toronto, Ontario, Canada. October 02-04, Toronto, Ontario: ACM, S. 66-73.

Merugu, D., Prabhakar, B. S. und Rama, N. S. (2009). „An Incentive Mechanism for Decongesting the Roads: A Pilot Program in Bangalore" in *Proceedings of ACM NetEcon Workshop*, Stanford, California, USA. July 7, Stanford: NetEcon, S. 1-6.

Peng, W., Lin, J. H., Pfeiffer, K. A. und Winn, B. (2012). „Need Satisfaction Supportive Game Features as Motivational Determinants: An Experimental Study of a Self-Determination Theory Guided Exergame". *Media Psychology* (15:2), S. 175-196.

Reeves, B. und Read, J. L. (2009). *Total Engagement: Using Games and Virtual Worlds to Change the Way People Work and Businesses Compete*. Boston: Harvard Business Press.

Ryan, R. M. und Deci, E. L. (2000). „Intrinsic and Extrinsic Motivations: Classic Defintions and New Directions". *Contemporary Educational Psychology* (25:1),   S. 54-67.

Sailer, M. (2016). *Die Wirkung von Gamification auf Motivation und Leistung: Empirische Studien im Kontext manueller Arbeitsprozesse.* München: Springer Fachmedien Wiesbaden.

Sailer, M., Hense, J., Mandl, H. und Klevers, M. (2013). „Psychological Perspectives on Motivation through Gamification". *Interaction Design and Architecture(s) Journal* (19:1), S. 28-37.

Sailer, M., Hense, J. U., Mayr, S. K. und Mandl, H. (2017). „How gamification motivates: An experimental study of the effects of specific game design elements on pychological need satifaction". *Computers in Human Behavior* (69:1),   S. 371-380.

Sosik, J. J. und Dinger, S. L. (2007). „Relationships between leadership style and vision content: The moderating role of need for social approval, self-monitoring, and need for social power". *The Leadership Quarterly* (18:2), S. 134-153.

Statistisches Bundesamt (2019a). *Pressemitteilung Nr. 069 vom 27. Februar 2019.* https://www.destatis.de/DE/Presse/Pressemitteilungen/2019/02/PD19_069_46241.html. Letzter Zugriff am 18.04.2019.

Statistisches Bundesamt (2019b). „Straßenverkehrsunfälle und Verunglückte nach Unfallursachen". *Verkehr: Verkehrsunfälle Dezember 2018* (Fachserie 8,   Reihe 7), S. 41-42.

Voinea, G. D., Postelnicu, C. und Duguleana, M. (2017). "Towards Using an Augmented Reality Mobile Assistant for Improving Driving Skills" in *E-Learning and Games: 11th International Conference, Edutainment 2017,* Bournemouth, UK. June 26–28, Tian F., Gatzidis, C., El Rhalibi, A. Tang, W. und Charles, F. (Hrsg.), Bournemouth: Springer International Publishing AG, S. 52-55.

Weiser, P., Bucher, D., Cellina, F. und De Luca, V. (2015). "A Taxonomy of Motivational Affordances for Meaningful Gamified and Persuasive Technologies" in *Proceedings of EnviroInfo and ICT for Sustainability 2015,* Copenhagen, Denmark. September 7-9, Johannsen, V. K., Jensen, S., Wohlgemuth, V., Priest, C. und Eriksson, E. (Hrsg.), Copenhagen: Atlantis Press, S. 271-280.

Werbach, K. und Hunter, D. (2012). *For the Win: How game thinking can revolutionize your business.* Philadelphia: Wharton Digital Press.

19

Zhang, P. (2007). "TOWARD A POSITIVE DESIGN THEORY: PRINCIPLES FOR DE-SIGNING MOTIVATING INFORMATION AND COMMUNICATION TECHNOLOGY" in *Designing Information and Organizations with a Positive Lens: Advances in Appreciative Inquire Volume 2*, Avital M., Boland, R. J. und Cooperrider, D. L. (Hrsg.), Amsterdam, Boston: Elsevier, S. 45-74.

Zichermann, G. und Cunningham, C. (2011). *Gamification by Design: Implementing Game Mechanics in Web and Mobile Apps.* Sebastopol: O'Reilly Media.